ENQUÊTE

SUR LE

CHEMIN DE FER DE NARBONNE A PERPIGNAN,

ADHÉSION AU TRACÉ

DE

NARBONNE A LA NOUVELLE,

PAR BAGES, PEYRIAC-DE-MER ET SIGEAN,

suivie d'une note

SUR LE

PORT DE LA NOUVELLE,

PAR

M. HIPPOLYTE FAURE.

PARIS,

GAUVAIN ET FONTAINE, LIBRAIRES

PASSAGE DES PANORAMAS.

1846.

ADHÉSION AU TRACÉ

DE

NARBONNE A LA NOUVELLE,

PAR BAGES, PEYRIAC-DE-MER ET SIGEAN;

suivie d'une note

SUR LE

PORT DE LA NOUVELLE,

PAR

HIPPOLYTE FAURE.

PARIS,

DAUVAIN ET FONTAINE, LIBRAIRES,

PASSAGE DES PANORAMAS.

—

1846

Paris. — Imprimerie de BOULÉ, rue Coq-Héron, 3.

I

ADHÉSION

AU TRACÉ

DE NARBONNE A LA NOUVELLE,

PAR BAGES, PEYRIAC-DE-MER ET SIGEAN.

ADHÉSION

AU

TRACÉ DE NARBONNE A LA NOUVELLE,

PAR BAGES, PEYRIAC-DE-MER ET SIGEAN.

La nécessité de rapprocher du Roussillon et de l'Espagne, par un chemin de fer, la ville de Narbonne, c'est-à-dire le point où doivent aboutir les grandes lignes de l'Ouest et du Midi, est d'une évidence si frappante ; l'utilité de construire au plus tôt l'Embranchement qui doit pourvoir à cette nécessité est si claire et si peu contestable , qu'il serait superflu d'en établir les preuves. La question soulevée par l'étude d'un double tracé entre Narbonne et La Nouvelle est donc la seule sur laquelle il soit opportun de donner une opinion motivée. C'est la seule aussi dont je veuille m'occuper.

J'adhère au tracé de Narbonne à La Nouvelle, par Bages, Peyriac–de–Mer et Sigean. Je repousse le tracé de l'Étang.

J'adopte le tracé de Sigean, non dans un but mesquin d'intérêt privé, mais dans le but très légitime de servir les intérêts importans que je trouve engagés dans la question : l'intérêt réel, sainement apprécié, de Narbonne et de La Nouvelle; l'intérêt des populations agricoles disséminées entre le chef-lieu de l'arrondissement et la mer; l'intérêt des habitans des Corbières, déplorablement privés de routes; enfin, l'intérêt des vrais principes qui doivent présider à l'établissement des chemins de fer.

Au milieu du conflit élevé entre les publicistes sur la direction générale des tracés de chemins de fer, un grave enseignement s'est produit, et a substitué, aux prescriptions parfois arbitraires des théories, l'empire d'une longue pratique et des faits. L'expérience a montré que, sur les lignes actuellement livrées à la circulation, les principaux bénéfices proviennent des transports opérés à de petites distances. Les déplacemens, soit de voyageurs, soit de marchandises, très fréquens sur les sections intermédiaires, sont rares de l'extrémité d'une ligne à l'autre extrémité. Il en résulte que les parcours partiels, répétés souvent et avec des frais proportionnellement plus élevés, produisent plus que les longs parcours exécutés rarement, et proportionnellement moins chers. Ce fait, observé en France sur les lignes mises en exploitation, est confirmé par les documens venus des divers États où les chemins de fer sont établis sur une échelle étendue ; il a influé puissamment sur les décisions que le conseil général des ponts et chaussées et les Chambres ont été appelés à prendre.

Les Chambres et l'administration se sont attachées à faire tracer les voies de fer, non sur une ligne absolument droite, qui ne tînt aucun compte des conditions de prospérité ; mais sur une ligne, dont la direction, détournée ou non, pût servir les contrées populeuses, sur une ligne où les centres agricoles et industriels pussent produire une grande circulation et profiter à tous : aux compagnies, en fournissant les élémens d'une exploitation lucrative ; au Trésor, en donnant une garantie non douteuse des capitaux avancés ; au pays, en assurant le déplacement facile de ses voyageurs, de ses marchandises et de ses denrées. Agissant conformément à ces vues, l'administration et les Chambres ont préféré :

Pour le chemin de Paris à Rouen, le tracé d'une vallée riche et peuplée, au tracé des plateaux ;

Pour le chemin de Paris à Tours, le tracé d'Orléans et de Blois, où les établissemens industriels sont nombreux, au tracé de Vendôme, où la situation industrielle est moins favorable ;

Pour le chemin d'Avignon à Marseille, le tracé d'Arles, au tracé direct, qui traversait un territoire moins peuplé.

Plus récemment encore, dans la question du tracé entre Carcassonne et Béziers, le conseil général des ponts et chaussées, le ministre des travaux publics, et la commission de la Chambre des députés ont préféré le tracé par Narbonne au tracé direct par la vallée du canal.

Partout l'administration et les Chambres choisissent les tracés où des stations nombreuses et bien situées peuvent provoquer une grande circulation. La richesse agricole et industrielle, la population, tels sont les faits principaux qui déterminent la direction des chemins. L'exemple des lignes exploitées et des lignes étudiées le démontre.

Les faits révélés par l'expérience et les précédens établis par les Chambres me rassurent complétement sur le sort des deux tracés qui ont été l'objet d'études sérieuses entre Narbonne et La Nouvelle.

Quels sont, en effet, ces deux tracés ?

Le premier se développe parallèlement au canal de la Robine. Sauf aux portes de Narbonne où

il traverse des terrains productifs, il est constamment dirigé sur un sol marécageux et sur un étang.
Les exploitations agricoles ou industrielles, si
nombreuses et si pressées sur le tracé rival, sont
très rares sur celui-ci. Il n'y a aucun centre de
population. L'établissement d'une station y est impossible. D'après cet énoncé exact, il est clair que
l'adoption de ce tracé serait contraire aux principes
fondamentaux qui règlent aujourd'hui la direction
des lignes de fer. Établi dans un désert, le chemin
ne recevrait, des contrées limitrophes intermédiaires, ni voyageurs, ni marchandises, ni denrées.
Les populations de l'arrondissement, l'agriculture
et le commerce, n'en retireraient donc aucun avantage.

Narbonne, dit-on, profiterait du tracé de l'Étang,
qui est plus court de 5 kilomètres. La meilleure
preuve du contraire, c'est que Narbonne, très instruite de ses besoins, réclame le tracé opposé;
son intérêt bien entendu s'oppose à ce qu'elle approuve le tracé de l'Étang, car les avantages imparfaits qu'elle en retirerait ne peuvent être mis
en balance avec les avantages tout à fait satisfaisans que doit lui procurer le tracé de Sigean. Le
chemin de fer, exécuté d'après ce dernier tracé, ne
retardera pas d'un quart d'heure les relations de

Narbonne avec Perpignan. Les produits de Narbonne, ceux du Roussillon et de l'Espagne, seront donc transportés aussi commodément sur ce chemin que sur l'autre ; mais, par la ligne de l'Étang, les marchandises expédiées arriveront seules à leur destination, tandis que par celle de Sigean elles arriveront accrues de tout ce que les contrées agricoles et peuplées qui bordent la ligne auront versé dans les trois stations de Sigean, de Peyriac et de Bages. Sigean, dont la population dépasse 3,000 âmes ; Sigean, grâce aux liens nombreux qui l'attachent à Narbonne, à La Nouvelle et au Roussillon, fournira à lui seul une masse plus considérable de voyageurs et de denrées que l'ensemble des stations intermédiaires de l'Embranchement. Bages et Peyriac, dont la production agricole n'est pas sans importance ; Bages et Peyriac, où la production du sel paie annuellement au Trésor plus d'un demi-million de droits, fourniront, en denrées ou en produits industriels, les élémens d'un transport fructueux. L'ensemble de ce mouvement, favorable à la fois au Roussillon et au Languedoc, sera, pour les intérêts particuliers de Narbonne, incontestablement supérieur à celui qui résulterait des transports opérés sur la ligne de l'Étang.

Nul motif sérieux ne milite donc en faveur du tracé de l'Étang. Ses inconvéniens sont nombreux ; les avantages apparens s'évanouissent devant l'examen des faits.

Le second tracé, qui touche à Bages, Peyriac-de-Mer et Sigean, est bien supérieur au premier. Les avantages si recherchés et si appréciés qui résultent de l'agglomération des populations, des nombreuses exploitations agricoles ou industrielles, sont manifestes en faveur de ce tracé. Pour s'en convaincre et pour apprécier la supériorité du tracé de Sigean, il suffit de jeter un coup d'œil sur une carte géographique. On y voit que les contrées du Midi où l'influence de l'Embranchement se fera sentir comprennent trois zones distinctes, qui se développent parallèlement à la mer : la zone du nord, couverte de montagnes ; la zone du centre, couverte de terres labourables et d'importans villages ; la zone du midi, couverte de marais.

Le tracé de l'Étang traverse la zone des marais ; le tracé de Sigean traverse la zone des terres labourables et des villages. Cette seule indication suffirait pour faire apprécier la valeur comparative des deux tracés.

Établi d'après le tracé de Sigean, le chemin aura à transporter toutes les denrées de la zone agricole; il attirera ensuite les produits et les voyageurs de la zone de montagnes, où la configuration du terrain s'oppose à l'établissement d'une ligne de fer. Sous ce rapport, la situation du chemin de Sigean est bien préférable à celle du chemin de l'Etang, qu'une vaste nappe d'eau sépare à la fois de la zone agricole et des Corbières.

Un autre élément de supériorité résulte de la situation des territoires traversés par le double tracé. La zone agricole se trouvant limitée par l'Étang, dont les bords méridionaux n'offrent aucun centre commercial, tous les produits créés sur cette zone s'écoulent vers Narbonne ou vers La Nouvelle. De là, un puissant intérêt pour ces deux localités, puisqu'une grande partie des denrées qui forment la base du commerce de Narbonne et des exportations de La Nouvelle est fournie par les communes limitrophes du tracé de Sigean. Il est difficile de déterminer la part précise que ces denrées prennent aux opérations commerciales de Narbonne et de La Nouvelle; mais on peut affirmer que cette part est immense. En effet, les céréales, la vigne, l'olivier, les plantes à fourrage, sont cultivés avec succès dans les communes de cette zone; la laine et le sel y sont produits abondamment; des distilleries d'eau-de-vie et de marc de raisin y développent une industrie lucrative. Or, de quels élémens se compose le commerce de Narbonne, si ce n'est des milliers de transactions que l'offre et la demande de ces denrées peuvent entraîner? De quels élémens se composent les affaires commerciales de La Nouvelle, si ce n'est de la vente de ces denrées sur les marchés extérieurs, de leur échange avec les produits qui manquent à notre sol?... Le mouvement commercial, déjà considérable, qui résulte de cette situation, s'accroîtra encore ; la part prise, dans ce mouvement, par les denrées de la zone agricole, deviendra plus grande, lorsque les côtes maritimes et les voies de communication, qui y aboutissent, auront reçu les perfectionnemens attendus ; lors- que la route départementale, n° 3, terminée, ratta- chera Carcassonne à La Nouvelle, en traversant Portel et Sigean ; lorsque le port de La Nouvelle, agrandi, permettra au commerce de prendre un essor plus libre ; lorsque le port de La Franqui, creusé, fournira aux vaisseaux de l'État un abri commode et sûr, dans des eaux tranquilles, sous le canon du plateau de Leucate ; en un mot, lorsque la production agricole, sollicitée, excitée par des transports plus prompts, par des placemens plus assurés, par l'activité croissante de la consommation, par le mouvement ascendant de la prospérité publique, fera jaillir de ce sol fécond les sources inépuisables de richesse qu'il recèle dans son sein, et livrera au commerce ces précieux élémens de sa grandeur.

Le chemin de l'Étang, inaccessible à tous ces progrès, inaccessible à la route départementale commencée, inaccessible aux relations de la zone du nord, avec la mer et avec Narbonne, n'offre, sous ce point de vue, aucun avantage au commerce.

Le chemin de l'Étang ne changerait que partiellement la situation présente. Il donnerait à Narbonne les importations de La Nouvelle, quelques minutes plus tôt que cette ville ne les a aujourd'hui; mais il laisserait dans les conditions actuelles, coûteuses et imparfaites de circulation, les nombreuses denrées du canton de Sigean et des Corbières. Il laisserait à l'écart la portion productive du pays, la seule qu'il soit facile et utile d'améliorer, pour traverser la portion improductive, dont il est impossible de modifier les conditions. Ce serait là un vice capital. Il est, sans aucun doute, dans la destinée des chemins de fer, de répandre sur le sol qui les porte et de faire rayonner, dans un cercle étendu, la richesse et la vie; mais, quelle que soit la puissance de cette

action, elle n'est pas assez énergique pour trans-
former un étang en terrain cultivé, pour féconder
ce qui est radicalement stérile. Pour que les chemins de fer développent la vie et la richesse, il
faut qu'ils les trouvent en germes. Or, sur le tracé
de l'Étang, il n'y a qu'une masse d'eau profonde
et saturée de sel. Sur le tracé de Sigean, il y a
tous les élémens de vitalité et de force, tous les
germes de fertilité et de progrès.

La ligne de Sigean intéresse donc, à mes yeux,
non seulement les localités importantes qu'elle
traverse et les populations intermédiaires qui
doivent s'en servir, elle intéresse encore et surtout
Narbonne et La Nouvelle, l'avenir commercial et
maritime du département. Le commerce de Narbonne s'étend et s'affermit. Le port du département de l'Aude, par ses échanges multipliés, par
sa navigation croissante, commence à fixer, sur ce
point de nos côtes, l'attention publique. Par ces
considérations, le tracé de Sigean doit être préféré
à celui de l'Étang. Il satisfait à un besoin plus
général. J'ai la confiance qu'il sera adopté.

En le votant, les Chambres serviront des intérêts majeurs, qui concourent puissamment : à la
richesse générale, par les résultats du travail; à
la prospérité du Trésor public, par l'impôt; à la

force et à l'indépendance du pays, par un grand commerce maritime. Les pouvoirs publics peuvent servir ces intérêts, sans cesser de rester fidèles aux principes qui les ont toujours guidés en matière de chemins de fer. Le tracé de Sigean sera donc voté.

HIPPOLYTE FAURE.

27 février 1846.

Cette adhésion fait partie des documens, recueillis dans l'arrondissement de Narbonne, du **15** février au **15** mars, et soumis ensuite à la Commission d'enquête qui s'est assemblée à Carcassonne, le **20** mars.

II

NOTE

SUR LE

PORT DE LA NOUVELLE.

NOTE

SUR LE

PORT DE LA NOUVELLE.

Dans l'Adhésion qui précède cette Note, j'ai dit, que le mouvement maritime de La Nouvelle était très important, et que ce mouvement s'accroîtrait encore lorsque des facilités nouvelles auraient été données au commerce. A l'appui de cette assertion, je veux montrer, par des chiffres, que ce mouvement s'accroît déjà, malgré les conditions peu favorables de navigation où le port est laissé. Un progrès, dans la situation présente, où nul travail sérieux n'est entrepris, est le meilleur indice de l'activité que prendra le commerce maritime lorsqu'une protection plus efficace favorisera son développement.

J'ai déjà établi, l'année dernière, dans un Mémoire adressé à M. le ministre des travaux publics, que le mouvement maritime et commercial de La Nouvelle était supérieur à celui des cinq ports qui furent compris dans le projet de loi du mois de

mai. J'ai établi cette preuve, pour les cinq ports
et pour La Nouvelle, avec les chiffres d'une période
de six ans (1837-1843). Cette année, muni de
chiffres recueillis depuis le travail de l'année dernière, je donnerai la preuve de l'accroissement de
La Nouvelle, en comparant les opérations maritimes des mêmes ports, durant les deux plus
récentes années, dont l'administration des douanes
ait réuni les élémens (1843-1844). Cette preuve
aura un double avantage. Elle montrera que, cette
année comme l'année dernière, je ne me suis
laissé entraîner à aucune exagération ; qu'en pro-
mettant, aujourd'hui, au commerce maritime du
département un brillant avenir, j'émets une
opinion que la situation progressive actuelle fait
pressentir ; et qu'en constatant, l'année dernière,
la supériorité de La Nouvelle sur les cinq ports,
j'ai émis une opinion que confirment les faits
connus récemment. Sous ce dernier point de vue
surtout, la note actuelle a un caractère réel d'op-
portunité. Il est utile, en effet, de constater la
situation commerciale de Port-en-Bessin, de Port-
Launay, de Marans, des Sables et de Bandol, dans
un moment où de vastes travaux se préparent
dans ces ports ; dans un moment où les routes
qui y conduisent sont couvertes de matériaux des-

tinés aux constructions autorisées par les Chambres. Il est utile aussi de constater la situation commerciale de La Nouvelle, dans un moment où nul crédit spécial ne vient seconder l'impulsion que l'activité intelligente des négocians imprime seule au commerce maritime. La comparaison nouvelle du mouvement des six ports, en faisant ressortir clairement la supériorité, oubliée ou méconnue, de La Nouvelle, rapprochera peut-être le jour où des secours, plus larges et mieux appliqués, créeront, dans ce port, un établissement maritime, digne en tous points de ses progrès, de sa position commerciale et de son avenir.

Adoptant les mêmes divisions que l'année dernière, pour que cette note puisse faciliter les rapprochemens de chiffres, je passe successivement en revue le cabotage, le commerce extérieur et l'ensemble de ces deux opérations, qui constitue la navigation générale.

J'établis d'abord, dans une partie du tableau suivant, l'importance relative du cabotage, à La Nouvelle et dans les cinq ports, durant les années 1843-1844. Je calcule ensuite, dans une colonne séparée, dans quelle proportion le mouvement de ce genre de commerce s'est accru ou réduit, d'une

année à l'autre, dans chaque port. Il ressort, des
chiffres, une situation qui justifie peu la faveur
marquée dont cinq de ces ports ont été gratifiés
l'année dernière.

*Tableau comparé du cabotage à Port-en-Bessin, Bandol, Port-
Launay, Marans, Sables et La Nouvelle, en 1843 et 1844.*

NOMS des Ports.	ANNÉES		RÉSULTATS.	
	1843.	1844.		
	Tonneaux.	Tonneaux.		Tonneaux.
Port-en-Bessin.	427	425	*diminution*	2
Bandol.	18,861	12,104	*diminution*	6,757
Port-Launay.	28,057	24,602	*diminution*	3,455
Marans.	37,027	31,219	*diminution*	5,808
Les Sables.	21,068	21,240	*accroissement.*	172
La Nouvelle.	29,806	32,697	*accroissement.*	2,891

D'après ce tableau, dont les résultats ne peuvent pas plus être contestés que les chiffres, le
mouvement du cabotage a été stationnaire à Port-
en-Bessin et aux Sables. Il a diminué dans trois
ports et augmenté à La Nouvelle.

La diminution a été : à Port-Launay, de 12 % ;
à Marans, de 15, 6 %, et à Bandol, de 35 %.

En présence de cette décadence, l'accroissement
du cabotage à La Nouvelle est remarquable. Cet
accroissement a été de 2,891 tonneaux sur
29,806, ou de 9, 6 %.

Le mouvement de progrès du port de La Nouvelle et la disproportion de ce port avec les cinq autres seront rendus plus sensibles encore par les chiffres qu'il me reste à produire.

Avant de les citer, un fait est à noter. Dans le travail de l'année dernière, le cabotage de Marans était plus important que celui de La Nouvelle. Le rapprochement de chiffres qui établissait le mouvement moyen du cabotage, à Marans et à La Nouvelle, faisait ressortir, pour le premier port, un avantage *d'un dix-neuvième*. Les chiffres nouvellement connus donnent l'avantage à La Nouvelle. La différence en plus est faible : elle n'est que de 1,478 tonneaux ; mais elle suffit pour faire pressentir que, même sur ce point, le port de La Nouvelle aura, désormais, la supériorité sur Marans. En effet, les relations importantes que La Nouvelle entretient avec l'Afrique et avec les autres États doivent infailliblement développer les établissemens de commerce dans ce port, et y provoquer l'accroissement de la population maritime. De nouveaux besoins, nés de cette situation, amèneront des relations nouvelles et favoriseront l'échange des produits sur les divers points de notre région maritime. Le commerce extérieur de La Nouvelle influera ainsi sur son cabotage et contribuera à sa prospérité. Marans n'est point dans les mêmes conditions. Les relations de ce port avec l'extérieur étant minimes, les affaires, réduites aux transactions opérées sur les côtes, n'y pourront prendre un grand développement. Les opérations de cabotage, stationnaires durant quelque temps, y déclinent assez fortement cette année ; c'est là un pronostic assez triste. A La Nouvelle, au contraire, le progrès du cabotage est déjà remarqué ; il y prendra les développemens que lui assurent les besoins nouveaux d'une population plus nombreuse et d'un commerce plus florissant.

Au point de vue du cabotage, la situation de La Nouvelle est donc meilleure encore, cette année, que l'année dernière. Les transports opérés par cette voie y sont plus importans que dans les autres ports, et ils s'y accroissent, d'une année à l'autre, dans une proportion plus rapide.

Mais quelque frappans que soient les résultats du cabotage, quelque favorables qu'ils soient à La Nouvelle, ils ne peuvent être comparés à ceux du commerce extérieur. C'est dans les relations avec les ports étrangers que La Nouvelle acquiert une grande supériorité. C'est dans le mouvement de navires, de tonneaux et de marins, nécessité par ces relations, que les progrès de La Nouvelle sont marqués. Aucun des cinq ports ne peut rivaliser avec La Nouvelle, ni pour l'étendue, ni pour les progrès de ce genre de commerce. Les faits suivans le prouvent.

Les chiffres combinés du commerce extérieur de Marans, de Port-Launay, de Bandol, de Port-en-Bessin, des Sables et de La Nouvelle, en 1843 et 1844, donnent les résultats suivans :

Le nombre de navires employés à ce commerce, *par les cinq premiers ports réunis*, était, en 1843, de 92; il s'est réduit, en 1844, à 62. Diminution, 32, 6 %;

Le tonnage qui s'élevait, dans les mêmes ports, à 6,223 tonneaux, s'est réduit à 5,257. Diminution, 15, 5 %;

Le nombre de marins, qui s'élevait à 526, s'est réduit à 363. Diminution, 30, 9 %.

A La Nouvelle, un résultat inverse s'est produit. De 391 le nombre des navires s'est élevé à 511. De 23,031 tonneaux, le volume des cargaisons s'est élevé à 30,956. De 2,134, le nombre des marins s'est élevé à 2,743. Ces chiffres constituent un accroissement de 28 % pour le nombre des marins, de 34 % pour le tonnage, et de 30 % pour le nombre des navires.

Les relations avec les puissances, dont les villes assez rapprochées de nos côtes offrent de grandes facilités pour les échanges de toute nature, loin de s'étendre dans les cinq premiers ports, y restent stationnaires ou déclinent. Les résultats d'une situation maritime si vantée, l'année dernière, confirment ainsi les assertions émises dans le premier travail. Je disais, en effet, et je prouvais, avec les chiffres de 1843, que la situation commerciale et maritime de La Nouvelle était supérieure à celle des autres ports ; que la position de La Nouvelle, à l'embouchure d'une branche importante du canal du Midi, entre l'Espagne et l'Italie, en face de l'Afrique, devait fournir à ce port des élémens plus nombreux de prospérité. Les chiffres de 1844 le montrent avec une plus grande force encore que ceux de 1843.

Port-Launay, Marans, les Sables et Port-en-Bessin, auxquels leur position sur l'Océan et sur la Manche pourrait rendre les relations avec l'Angleterre et avec la Belgique très faciles, n'entretiennent avec ces nations commerçantes que des rapports insignifians. Trois de ces ports n'ont de relations qu'avec l'Angleterre.

Dans le premier (Port-Launay), le mouvement avec l'Angleterre est de 4 navires.

Dans le second (Marans), le mouvement commercial avec l'Angleterre, qui était, en 1843, de 6 navires, de 513 tonneaux et de 38 marins, est resté le même pour le nombre de navires ; il s'est réduit à 377 tonneaux pour le volume des cargaisons, et à 28 marins pour l'ensemble des équipages.

Dans le troisième (Port-en-Bessin), il y a eu déclin marqué. Le mouvement maritime avec l'Angleterre, qui était, en 1843, de 31 navires, de 1,950 tonneaux et de 145 marins, n'a plus été, en 1844, que de 22 navires, de 1,323 tonneaux et de 107 marins. Il s'est donc réduit de 29 % pour le nombre de navires, de 32 % pour le tonnage et de 26 % pour le nombre de marins.

Le port des Sables, qui, à ses relations avec l'Angleterre, ajoutait, en 1843, un mouvement de 400 tonneaux avec la Belgique, a vu, en 1844, son commerce avec cette puissance se réduire à 172 tonneaux. Son commerce avec l'Angleterre, resté stationnaire, n'est que de 6 navires, de 564 tonneaux et de 37 marins.

Bandol, placé dans des conditions différentes, n'obtient pas de meilleurs résultats.

Bandol, qui entretenait, en 1843, avec les États-Sardes un mouvement de 24 navires, de 1,333 tonneaux et de 165 marins ; Bandol, qui expédiait en Toscane, dans la même année, 2 navires de 52 tonneaux, montés chacun par 8 hommes ; Bandol, qui expédiait encore, dans la même année, sur les côtes barbaresques, un petit navire de 33 tonneaux, monté par 6 hommes ; Bandol n'a plus envoyé, dans les États-Sardes, que 5 navires jaugeant ensemble 224 tonneaux et montés par 25 hommes. Il n'a rien reçu des États-Sardes. Il n'a rien envoyé dans les autres États et n'en a rien reçu.

Voilà les relations que les cinq ports entretiennent avec les États voisins, avec les ports qui devraient leur apporter le plus fort tribut maritime ; voilà les résultats que produit la situation commerciale de ces cinq ports.

Voyons les résultats que produit la situation commerciale de La Nouvelle.

L'Espagne, l'Afrique et les États-Sardes, fournissent à La Nouvelle les élémens d'un commerce précieux. Les fruits, l'huile, le riz, les sparteries, le plomb, le bois-merrain, l'eau-de-vie, le vin, produits dans ces trois pays et en France, forment la base des échanges et composent des cargaisons importantes ; le seul transport du vin emploie, en moyenne, près de cent navires et plus de six cents marins. Alimenté par une production abondante, le mouvement de la navigation, entre La Nouvelle et les trois pays voisins, se développe avec rapidité. Durant les deux années dont je m'occupe, il s'est accru dans les proportions suivantes :

En 1843, le mouvement de La Nouvelle avec la Sardaigne et l'Espagne était de 189 navires, de 8,650 tonneaux et de 908 marins.

En 1844, ce mouvement a été de 251 navires, de 11,677 tonneaux et de 1,189 marins.

L'accroissement a donc été de 32, 8 % pour le nombre de navires, de 34, 9 % pour le tonnage et de 30, 9 % pour le nombre de marins.

Dans les relations avec l'Afrique, l'accroissement a été plus remarquable encore.

Le nombre de navires, qui était de 190, en 1843, s'est élevé à 255 en 1844. Accroissement, 34, 2 %.

Le nombre de tonneaux, qui était de 13,681, s'est élevé à 18,726. Accroissement, 36, 8 %.

Le nombre de marins, qui était de 1,129, s'est élevé à 1,508. Accroissement, 33, 5 %.

Voilà les résultats produits par la situation de La Nouvelle.

Ainsi, tandis que les rapports de Bandol, Port-Launay, Marans, etc., avec les États voisins, sont insignifians on déclinent, ceux de La Nouvelle sont croissans et fructueux.

Quant à l'importance des divers ports, en ce qui concerne les relations avec toutes les puissances réunies, je puis dresser ici un tableau non moins frappant que celui de l'année dernière. La supériorité de La Nouvelle en ressortira d'une manière plus claire encore.

Je résumais ainsi le tableau de l'année dernière.

« En 1843, Port-Launay, Marans, Bandol, Port-en-Bessin et les Sables, ont envoyé, à l'extérieur de la France, ou en ont reçu, 92 navires. La Nouvelle, dans la même année, a envoyé ou reçu 391 navires, c'est-à-dire quatre fois plus que les cinq ports réunis.

» La même proportion existe pour le tonnage des navires et pour le nombre des marins employés. Dans les deux cas, le chiffre est quatre fois plus fort pour La Nouvelle que pour les cinq autres ports. Les navires de La Nouvelle transportent des cargaisons quatre fois plus lourdes et emploient quatre fois plus de marins que les cinq ports réunis (1). »

Les chiffres suivans montreront que la différence constatée, l'année dernière, entre le mouvement de La Nouvelle et celui des autres ports, s'est étendue, cette année, en faveur du premier port, dans des proportions assez fortes.

Tableau comparé du commerce extérieur à Bandol, Marans, Port-Launay, Port-en-Bessin, Sables et La Nouvelle, en 1844.

PORTS.	NAVIRES.	TONNEAUX.	MARINS.
Bandol.	5 . . .	224. . . .	25
Marans.	6 . . .	377. . . .	28
Port-Launay.	4 . . .	389. . . .	26
Port-en-Bessin.	24 . . .	1,467. . . .	117
Les Sables.	23 . . .	2,800. . . .	167
Les cinq ports réunis. . . .	62 . . .	5,257. . . .	363
La Nouvelle.	551 . . .	30,956. . . .	2,743

Rapprochés de ceux de l'année dernière, ces chiffres montrent que, soit en 1843, soit en 1844, l'ensemble des transports opérés par Marans, Port-en-Bessin, Bandol, Port-Launay et Sables (6,223 t.-5,257 t.), n'a pas pas même atteint le chiffre qui

---

(1) *La Loi des ports et La Nouvelle*, pages 24 et 25.

représente l'accroissement de La Nouvelle en une seule année (7,925 t.) (1).

Rapprochés entre eux, ces chiffres font ressortir les résultats suivans :

Le nombre de navires employés au commerce extérieur a été huit fois plus fort à La Nouvelle que dans les cinq ports réunis ;

La quantité de tonneaux transportés y a été cinq fois plus forte ;

Le nombre de navires employés y a été sept fois plus fort.

La disproportion entre chaque port pris isolément et La Nouvelle est si considérable, qu'en admettant, par simple hypothèse, comme l'année dernière, que, pendant une longue suite d'années, le mouvement commercial de Marans et des autres ports

---

(1) *Tableau comparé du tonnage des navires employés au commerce extérieur, en 1843 et 1844.*

NOMS des ports.	1843 TONNEAUX.	1844 TONN.	RÉSULTATS.	TONN.
Marans.	513. . .	377		
Port-en-Bessin. . .	1,950. . .	1,467		
Bandol.	1,470. . .	224		
Port-Launay. . . .	32. . .	389		
Les Sables.	2,258. . .	2,800		
Les 5 ports réunis.	6,223. . .	5,257	*diminution.* . .	966
La Nouvelle	23,031. . .	30,956	*accroissement.*	7,925

avec l'extérieur fût le même qu'en 1844, il faudrait, aux Sables onze ans, à Port-en-Bessin vingt-un ans, à Port-Launay soixante-dix-neuf ans, à Marans quatre-vingt-deux ans, et à Bandol cent trente-huit ans, pour opérer les transports que La Nouvelle a effectués en une seule année. En d'autres termes, sur 100 tonneaux transportés par les six ports, Bandol transporte 6/10 de tonneau; Marans et Port-Launay, un tonneau chacun; Port-en-Bessin, 4 tonneaux; les Sables, 7 tonneaux; La Nouvelle, 85 tonneaux 48/100.

Pour le commerce extérieur comme pour le cabotage, La Nouvelle a donc une supériorité très grande. Le mouvement de navires, de tonneaux et de marins y est plus considérable que dans les cinq ports réunis; et, tandis que ce mouvement décline sensiblement dans les cinq ports, il s'accroît rapidement à La Nouvelle.

Il me reste à faire connaître les résultats de la navigation générale, à noter les variations favorables ou défavorables qu'elle a subies de 1843 à 1844, et à indiquer la part d'importance que les chiffres récens assignent à chaque port.

L'examen attentif du mouvement des six ports montre que la navigation générale, de 1843 à 1844, a éprouvé, dans quatre ports, des réductions assez fortes; elle s'est légèrement accrue dans le port des Sables. A La Nouvelle seulement, l'augmentation a été remarquable.

Port-Launay a diminué de 3,098 tonneaux sur 28,089, ou de 11 %.

Marans a diminué de 5,944 tonneaux sur 37,540, ou de 15, 8 %.

Port-en-Bessin a diminué de 485 tonneaux sur 2,377, ou de 20, 4 %.

Bandol a diminué de 8,003 tonneaux sur 20,331, ou de 39, 3 %.

Aux Sables, il y a eu augmentation de 704 tonneaux sur 23,336, ou de 2 %.

A La Nouvelle, il y a eu augmentation de 10,796 tonneaux sur 52,837, ou de 20, 4 %.

Ce double résultat d'augmentation et de réduction qui se manifeste pour le tonnage général des navires entrés et sortis s'est produit aussi pour le nombre de ces navires. Les quatre ports où le tonnage s'est réduit ont subi des diminutions correspondantes dans les chiffres des entrées et des sorties. Les deux ports où le tonnage s'est accru ont vu des augmentations se produire pour le nombre des navires. Dans ce double mouvement, La Nouvelle a eu un avantage marqué. C'est ce qui résulte des faits suivans.

Je donne, dans un tableau : 1° les chiffres des entrées et des sorties de navires pendant les deux années 1843 et 1844 ; 2° les chiffres du tonnage des navires, pendant ces mêmes années ; 3° les chiffres qui résultent de ce double mouvement, pour les six ports, dans les deux années.

Tableau comparé de la navigation générale à Port-en-Bessin, Port-Launay, Murans, Bandol, Sables et La Nouvelle, pendant les années 1843 et 1844.

PORTS.	ANNÉES.	NAVIRES.	TONNEAUX.	RÉSULTATS.	navires.	tonn.
Port-en-Bessin.	1843 — 1844 —	40 — 34 —	2,377 1,892	*diminution*...	6...	485
Port-Launay...	1843 — 1,896 — 1844 — 1,538 —		28,089 24,991	*diminution*...	358...	3,098
Marans........	1843 — 1,052 — 1844 — 936 —		37,540 31,596	*diminution*...	116...	5,944
Bandol........	1843 — 399 — 1844 — 264 —		20,331 12,328	*diminution*..	.135...	8,003
Les Sables....	1843 — 734 — 1844 — 817 —		23,336 24,040	*augmentation.*	83...	704
La Nouvelle..	1843 — 949 — 1844 — 1,053 —		52,837 63,633	*augmentation.*	104...	10,796

Ce tableau a de l'importance, non seulement par les faits nouveaux qu'il constate et par ceux que j'ai déjà annoncés plus haut, mais encore par les résultats que produit la combinaison des divers élémens dont il se compose. En combinant les chiffres du tonnage avec les chiffres des entrées et

des sorties, on peut, en effet, apprécier à la fois la
force réelle des navires qui ont pris part au mouvement de chaque port, durant les deux années,
et les modifications favorables ou défavorables
que cette force a reçues ou subies, d'une année à
l'autre. En rapprochant les chiffres du tonnage
général durant la dernière année, on peut ensuite
apprécier l'importance relative de chaque port.
Sous ces deux points de vue, les rapprochemens
et les calculs sont favorables à La Nouvelle.

En ce qui touche la force réelle des navires et
les modifications diverses que cette force a subies,
voici les faits qui résultent des chiffres combinés
du tonnage et du double mouvement d'entrée et
de sortie.

En 1843, la force moyenne des navires employés par le port des Sables était de 31 tonneaux
8/10. En 1844, cette force moyenne n'a plus été
que de 29 tonneaux 4/10.

A Bandol, la force moyenne des navires, qui
était, en 1843, de 50 tonneaux 9/10, est descendue,
en 1844, à 46 tonneaux 5/10.

A Port-en-Bessin, le tonnage moyen de chaque
navire s'est réduit, de 59 tonneaux 4/10 à 55 tonneaux 6/10.

A Marans, le tonnage moyen s'est réduit, de 35 tonneaux 6/10 à 33 tonneaux 7/10.

La force moyenne des navires n'a augmenté que dans deux ports.

A Port-Launay, cette force moyenne s'est élevée, de 14 tonneaux 8/10 à 16 tonneaux 2/10.

A La Nouvelle, elle s'est élevée, de 55 tonneaux 6/10 à 61 tonneaux 6/10. Pour les navires construits dans ce port, elle s'est élevée, de 62 tonneaux à 70 (1).

Ainsi, tandis que la force moyenne de chaque navire employé se réduit, à Marans et aux Sables, de 2 tonneaux ; à Bandol et à Port-en-Bessin, de 4 tonneaux ; tandis que cette force moyenne n'augmente, à Port-Launay, que de 2 tonneaux ; elle s'accroît à La Nouvelle de 6 tonneaux, par navire entré et sorti, et de 8 tonneaux par navire construit. La différence relative est importante, car la force des navires, en indiquant la longueur plus ou moins grande des voyages qu'ils peuvent effectuer, devient un des élémens principaux qui con-

____

(1) Je ne puis opposer à ce dernier chiffre ceux des autres ports parce qu'aucun navire n'a été construit à Bandol, Marans et Port-Launay, en 1844. — Dans les deux autres ports réunis, on n'a construit que sept petits navires, dont six, aux Sables, de 43 tonneaux, et un, à Port-en-Bessin, de 20 tonneaux.

courent à constater l'importance d'une navigation.

Le résultat favorable donné à La Nouvelle par la force moyenne comparée de chaque navire n'est pas le seul qui ressorte du tableau. Le résultat produit par le volume comparé de tous les navires, expédiés ou reçus dans chaque port, mérite aussi d'être remarqué. Il ne suffit pas, en effet, que la force plus grande de chaque navire indique l'importance plus grande d'une navigation, il faut encore que l'ensemble des opérations corresponde à la longueur des voyages effectués. Dans ces conditions, la supériorité d'un port est complète.

Le port de La Nouvelle, supérieur aux cinq autres, sous le premier point de vue, l'est encore plus sous celui-ci. L'importance effective des cargaisons et le mouvement comparé de leur volume, dont le tonnage est une mesure exacte, donnent à ce port une valeur plus grande que celle qui résulte de la capacité comparative de chaque navire employé.

Les transports généraux opérés par les navires de La Nouvelle dépassent, en effet, ceux des quatre ports réunis de Port-en-Bessin, de Bandol, des Sables et de Port-Launay ; ils sont doubles de ceux de Marans. C'est ce que je prouve par le tableau suivant où je donne, dans une colonne, l'importance du tonnage dans chaque port, et, dans une seconde colonne, la part proportionnelle de chaque port dans l'ensemble du tonnage.

Tableau comparé du tonnage général des navires employés au cabotage et au commerce extérieur, dans les cinq ports et à La Nouvelle, en 1844.

NOMS des ports.	VOLUME des cargaisons.	PART PROPORTIONNELLE dans le tonnage des six ports.
	tonneaux.	
Port-en-Bessin	1,892	1, 2 %
Bandol	12,328	8
Les Sables	24,040	15, 1
Port-Launay	24,991	15, 6
Marans	31,596	20
La Nouvelle	63,633	40, 1
TOTAL	158,480	100, 0

Ce tableau peut être considéré comme une mesure exacte de l'importance relative des six ports. Composé avec les milliers de chiffres qui résultent des entrées et des sorties de navires, chargés ou sur lest, français ou étrangers, dont la douane a mesuré le volume, il résume et condense ces chiffres sous une forme claire et simple. Il peut clore la série de preuves que j'avais à exposer pour établir la marche progressive et l'étendue des opérations de La Nouvelle.

Les preuves produites fortifient mes assertions de l'année dernière et celles de cette année. Elles montrent l'accroissement remarquable de La Nouvelle, et font pressentir un avenir prospère: Elles montrent que les titres de ce port à figurer dans le budget extraordinaire des travaux publics sont bien supérieurs à ceux de cinq ports qui ont, sur ce budget, un crédit ouvert de sept millions. Les faits sont patens, les preuves sont irrécusables. La plus simple justice commande de réparer une erreur dont les résultats nuisent à La Nouvelle et à plusieurs départemens.

Je ne pourrais comprendre qu'après un sérieux examen des faits, l'administration des travaux publics se refusât à fonder sur les côtes du département de l'Aude un établissement maritime, digne du commerce de ce département et de ses progrès. Je ne pourrais le comprendre, car il me paraît qu'en secondant le mouvement progressif d'un port, par des crédits judicieusement employés, le gouvernement, loin de faire un sacrifice en pure perte, fait au contraire un placement très sûr, une heureuse spéculation. L'accroissement des recettes de la douane, provoqué par le mouvement plus étendu d'affaires qui se manifeste, dans un port, à la suite de grands travaux, fournit à l'État un in-

...térêt considérable des fonds avancés. L'extension des échanges, résultat naturel d'une navigation plus commode et plus sûre, répand une plus grande aisance dans le pays, facilite l'accroissement des consommations de tous genres, et grossit le Trésor public du produit plus abondant des taxes que ses agens prélèvent sur les matières consommées. Les dépenses appliquées à seconder les progrès d'un port profitent ainsi : à l'industrie agricole, par le placement de ses denrées ; au travail manufacturier, par l'exportation de ses produits ; au Trésor, par l'accroissement de ses recettes ; au pays tout entier, par le développement de sa marine marchande et par le recrutement plus rapide de sa marine militaire, double mouvement, qui assure à la fois la richesse, la sécurité et la gloire d'une nation.

Des raisons nouvelles et puissantes, des faits commerciaux importans, des motifs, d'un intérêt général et d'un ordre élevé, peuvent encore être produits à l'appui de l'opinion que je soutiens ; mais l'exposé de ces faits et de ces argumens serait trop long pour pouvoir prendre place incidemment dans cette note. Plus tard, je reprendrai, à loisir et avec plus d'étendue, une matière que j'ai seulement effleurée aujourd'hui.

Quelque imparfaite que soit cette Note , elle suffira du moins pour montrer l'importance et l'utilité d'une voie de fer qui , en faisant affluer vers La Nouvelle les produits de l'Ouest de la France, doit apporter dans ce foyer commercial un élément nouveau de progrès et d'activité. Elle suffira pour montrer qu'après l'oubli manifeste de l'année dernière , un commencement de réparation ne saurait être long-temps différé. A mes yeux, c'est un droit ; j'en attends la consécration légale de la justice des pouvoirs publics.

PARIS. — IMPRIMERIE DE BOULÉ, RUE COQ-HÉRON, 3.

www.ingramcontent.com/pod-product-compliance
Ingram Content Group UK Ltd.
Pitfield, Milton Keynes, MK11 3LW, UK
UKHW021718130726
13696UKWH00004B/1887